早期発見・早期対応につなげる
学童保育版
児童虐待対応マニュアル

鈴井 江三子 編著

はじめに

　学童保育は、子どもが学校から家庭に帰るまでの中間地点にあります。そこでは小学校1年生から3年生か4年生、施設によっては小学校6年生までの、幅広い年齢層の子どもたちが、家庭に帰るまでの時間を過ごしています。そのため、学童保育で過ごす子どもたちは、学校で同級生と勉強をしたり遊んだりする顔とは違った顔を見せます。年長の子どもたちはお姉さんやお兄さんの役割になり、年少の子どもたちは妹や弟の役割になります。つまり、同じ年の友だち同士ではなかなか存在しにくい、頼ったり頼られたり、甘えたり甘えられたりの関係ができやすいのです。

　指導員の存在も子どもの心を開放するのに重要な役割を担っています。子どもの側にいる身近な存在の指導員は、学校帰りに寄る学童保育で宿題をさせ、他の子どもとの遊びを通して生活態度を指導します。時には注意をしたり、叱ったりしますが、学校の先生とは違う立場で、子どもにとって信頼のおける大人なのです。

　学童保育の環境は、学校と同じように集団生活をする場ではありますが、より家庭的な人間関係のなかで子どもが安心して過ごせる空間があります。また、安心した子どもにとって、学校や家庭で緊張した心をゆるめ、その子らしい言動を用いて自己表現がしやすい環境だともいえます。そして、子どもが安心して自己表現をしたなかに、子どものSOSも発信されることがあります。普段言えないことが言いやすい、または、この人なら話してもいいと思うからです。つまり緊張が解かれた環境は、普段言えないことが言いやすい環境であり、子どもがSOSを発信しやすい環境なのです。

　もちろん、児童虐待の発見は、子どもからの開示、つまり、子ども

が暴力を受けていることを身近な大人である教員や指導員に打ち明けることで分かる場合もあります。しかし、被害を受けている子どもは、暴力の事実を告げることでさらに暴力がひどくなることを恐れるために、その事実をなかなか打ち明けません。また、子どもにとって親の存在は大きく、第三者に親の悪口を言うことには抵抗があります。そのため、子どもからの訴えがないと児童虐待の早期発見にはつながりにくい現実があります。それが暴力の長期化と深刻化につながり、より一層子どもへの悪影響を助長します。

　しかし、被害を受けている子どもは、それでも生き抜く力をもっているために、暴力を受けていることをだれかに分かってほしいと思い、助けてほしいと SOS を発信します。その SOS が、被害児童にみられる特徴的な言動となって現れます。それを指導員が早期に察知することで、暴力の長期化、深刻化を予防することができます。

　児童虐待を受けている子どもにとって、家庭と学校の中間地点になる学童保育が、安心できる場であれば、子どもの居心地のいい場所となり、子どもの避難場所にもなります。そして、子どもの心が開放されると、より一層子どもの SOS は発信しやすくなるのです。子どもが安心して過ごせる環境づくり、それが学童保育に期待される重要な役割のひとつだと考えます。

2016 年 8 月

鈴井江三子

本刊行物は、JSPS 科研費　JP16HP5269 の助成を受けたものです。

Contents

はじめに ……………………………………………………………………………… 1

Ⅰ．指導員が見つけやすい児童虐待の徴候
鈴井江三子

❶ 児童虐待を受けている被害児童の特徴 ……………………………………… 5
❷ 入所時にみられる被害児童の行動特徴 ……………………………………… 7
　心身の不適応行動
　（1）内的行動　7　　　（2）外的行動　9　　　（3）愛着障害　15
❸ 被害児童のその他の特徴 …………………………………………………… 21
　（1）身体の清潔　21　　（2）身体の状態　23
　（3）食事のとり方　25　（4）衣類の状態　27
❹ 児童虐待を疑う親の言動 …………………………………………………… 31
　（1）加害者である親の特徴的な言動　31　（2）指導員としての留意点　35

Ⅱ．学童保育における指導員の対応
鈴井江三子

❶ 被害児童への対応 …………………………………………………………… 38
　（1）被害児童である子どもの話をあるがままに聞く　38
　（2）子どもへの生活自立支援　40
　（3）暴力を受けた時の状況分析と対処方法への支援　41
　（4）子どもの居場所の確保　42
　（5）子どもとの信頼関係の構築　44
❷ 他の入所児童への対応 ……………………………………………………… 44
❸ 親・祖父母への対応 ………………………………………………………… 46
　（1）親への対応　46　　（2）祖父母等への対応　48
❹ 学校・関連機関への対応 …………………………………………………… 48
　（1）小学校との連携システムの構築　48
　（2）学校以外の地域組織との連携　50
❺ 指導員へのケア ……………………………………………………………… 50

Ⅲ．具体的な事例
鈴井江三子

❶ 性暴力被害が疑われる小学校2年の女児 ………………………………… 52
❷ 「しつけ」と称する児童虐待 ……………………………………………… 54

Contents

❸ 医療職の継母による連れ子への虐待 ·· 56
❹ 元気な子どもを病人にする代理ミュンヒハウゼン症候群
  （Munchausen Syndrome by proxy）······································ 58

Ⅳ. 発達障害のある、または疑われる子どもへの関わり
鈴井江三子

❶ 発達障害の子どもに対する学童保育の役割 ······························ 61
❷ 発達障害とは ·· 62
❸ 児童虐待を受けた子どもとよく似た行動特徴 ··························· 65
❹ 発達障害のある子どもとの関わり ·· 66
　（1）保護者への関わり　66　　（2）子どもへの関わり　66

Ⅴ. 児童虐待とは
大橋一友

❶ 児童虐待の種類 ··· 69
　（1）身体的虐待　69　　　（2）性的虐待　69
　（3）ネグレクト　69　　　（4）心理的虐待　69
❷ 児童虐待のリスク要因 ·· 70
　（1）養育者のリスク要因　70　（2）子どものリスク要因　70
　（3）養育環境のリスク要因　70
❸ 児童虐待の重症度 ··· 70
　（1）生命の危険あり　70　　（2）重度虐待　71
　（3）中度虐待　71　　　　（4）軽度虐待　72
❹ 児童虐待の現状と今後の対策の方向性 ··································· 73
　（1）発生予防　74　　（2）早期発見・早期対応　74
　（3）子どもの保護・自立の支援、保護者支援　75

Ⅵ. 学童保育と指導員の役割
中山芳一

❶ 学童保育の概要 ··· 76
❷ 学童保育指導員の位置づけ ·· 79
❸ 育成支援の内容 ··· 81

　おわりに ·· 89
　執筆者一覧 ··· 91

I 指導員が見つけやすい児童虐待の徴候

● 鈴井江三子 すずい・えみこ

❶ 児童虐待を受けている被害児童の特徴

　児童虐待を受けている子どもを被害児童（以下、被害児童または子どもと示す）といいます。被害児童は、学童保育に入所した時から「他の子どもとはどこか違う」と思わされる行動をとります。その行動に対して、多くの指導員は「何か違和感がある」とは考えても、それが児童虐待を受けた子どもの特徴的な行動であることになかなか考えが及びません。児童虐待という言葉から、虐待を受けた子どもの状態はもっと深刻で、見ただけで外傷が分かるものを言うと認識しているからです。しかし、児童虐待をする親は、子どもが生まれてから学童保育に入所するまでの間、長期にわたって暴力をふるっていることが多いために、学童保育の入所時にはすでにその影響が、被害児童の行動特徴として表れています。

　子どもがなんらかの虐待を受けている場合、そのサインとして表出されるのは、子どもの言動や顔の表情であることが分かっています。また、食事のとり方が異常である、身体が不潔である、衣服の洗濯や交換ができていない等、養育上の問題等が子どもの様相にも反映されています。そして、虐待がさらに深刻化すると、子どもの身体への直接的な暴力が増強し、アザやけが、骨折等を起こします。児童虐待の長期化は、暴力がより一層陰湿になり、衣服で隠れた場所に暴力を加えることも多く、被害児童の身体にできたアザや傷も見つかりにくい

場所になります。

　さらに、ネグレクトによる身体や下着の不潔さは、衣服で隠れているため学校では発見しにくいことであり、衣服の交換を行う機会がある学童保育だから発見できることでもあります。くわえて、児童虐待を受けた子どもは他人との関係性がうまく構築できないことも多く、このことがより一層、他者からの介入を困難なものにしているため、児童虐待の深刻化や長期化につながっていると考えられています。

　入所前から親からの直接的な暴力・暴言以外に、養育放棄等、子どもへの配慮を欠く親の行為は、子どもの基本的欲求を満たさないだけでなく、親からの関心や愛情も伝えていません。そのことが、子どもの存在感に対する不安をあおり、常に不安定な存在としての緊張を強いる状況へと、子どもを追い込んでいます。

　その結果、児童虐待を受けた被害児童は、特徴的な行動を示すようになります。これらの行動特徴は、暴力の種類によって系統的に現れるものではありません。身体的暴力、心理的暴力、ネグレクト、性暴力など、どういった種類の暴力であっても被害児童にみられる特徴的な行動を示していきます。また、入所後に児童虐待を受けるようになった子どもは、入所時には健やかな発育・発達をみせていても、親の暴力に伴って被害児童の行動特徴を示すようになります。したがって、入所後、子どもの言動が変化した場合、家庭の中で子どもの居場所がなくなった、または、家族が変化して親に余裕がなく適切な養育ができなくなり、児童虐待を引き起こしているかもしれないと考える必要があります。

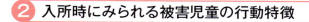

❷ 入所時にみられる被害児童の行動特徴

　入所時に指導員が認識しやすい被害児童の主な行動特徴は、心身の不適応行動が内向きに現れる(1) 内的行動と、外向きに現れる(2) 外的行動、および他者との関係性でみられる(3) 愛着障害の3つに分類されます。

■心身の不適応行動
（1）内的行動

　内的行動とは、親からの暴力に対して、被害児童は自分自身の感情を鈍化させることで現実逃避し、受けた暴力に耐えようとする行動です。顔の表情は無表情で、笑わない、目を合わさない、おどおどしている、不安な表情、怒るとすごくおびえる、気分にむらがある、情緒不安定、常に緊張している、いつもびくびくしている、奇声を発する、落ち着きがない等の《不安・緊張》と、じっとしている、自ら遊ぼうとしない、感情表現が乏しい、物忘れが多い、自傷行為等の《自発性の欠如・不活発・抑うつ》等があります。

①不安・緊張
○声をかけても、どこか自信がなさそうでオドオドしている。話しかけても、横を向いたりして目を合わそうとしない。

○感情の起伏が激しくて、気に入らないことがあればすぐに癇癪(かんしゃく)を起こして怒り出す。

②自発性の欠如・不活発・抑うつ

○自分の気持ちを表すことができない。無口でほとんど感情を出さない。口数も少なく、何を考えているのか、何をしたいのかが分からない。部屋の隅に一人でポツンといることが多い。

○自傷行為がみられる。壁に頭を打ち付ける。自分で髪の毛を抜いたり、ハサミで切る。または、カッターやハサミで手を切る。

（2）外的行動

　外的行動は、親から突然ふるわれる暴力や、基本的な生理的欲求や生活環境が保証されないために生じる怒りのエネルギーを、第三者にぶつけることによって、怒りのエネルギーを解消するものです。食事や睡眠などの基本的欲求や、入浴・衣服の交換など、子どもにとって居心地のいい生活環境が提供されないと、子どもの欲求は満たされず、不安定な心理状態になります。その不安定さが落ち着きのなさや苛立ちを高めさせ、友だちと遊んでいても些細なことですぐにカッとなる等の《衝動性》、他の友だちが自分の遊んでいる玩具に触っただけでもすぐにけんかを仕掛ける《攻撃性》と、年齢不相応な姿態をとり、自分の性器をみせびらかす《性的行動》等の特徴として表れます。

①衝動性

○自分の思い通りにならないと、すぐにカッとなって怒り出す。友だちと遊んでいても、急に些細なことでけんかをする。

○気に食わないことがあると、「死ね」「殺すぞ」「消えろ」「うざい」「ボケ」などの暴言を吐く。

②攻撃性

○友だちの体が少し当たった、または自分の遊んでいた玩具を触った程度で、すぐに友だちにけんかを吹っ掛ける。短気で、暴力的な言動をすぐに表す。暴力は、グー（拳）で殴る、思いっきり蹴りつける、容赦なくたたく、咬む、首を絞めるなど、力加減のない暴力をふるう。
○徹底してやっつけようとする。いったん殴りだすと、指導員が止めに入るまでその暴力は止まらない。時には止めに入った指導員に対しても、容赦なく暴力をふるう。

　このほか、絵を描くときに人が刃物を持っている絵を描いたり、包丁で刺されて出血をした絵を描いたりと、他の子どもとは明らかに異なる行動をとることもあります。また、友だちの物を盗ったり、万引きをする場合もあります。

● 素直に謝れる子ども

　一方、子どもの基本的な欲求が満たされ、家庭環境も穏やかな子どもは、友だちと遊んでいても素直に自己表現ができ、悪いと思えばすぐに謝ることができます。親によって子どもの存在が認められ、受容されているために、他者との関係性によるストレスは乗り越えることができるからです。

○自己の存在が受容されている子どもは、友だちとの関係も上手に構築できて、自分が悪いと思ったことは素直に謝ることができます。

＊親が子どもの存在を受容して、大事に育てた子どもは、自分の存在価値が揺るがないので、「ごめんなさい」が素直に言える。

2. 入所時にみられる被害児童の行動特徴

③性的行動

　子どもが性暴力を受けた経験がある、または親の性行為を子どもが見るという生活環境だと、子どもは年齢不相応な姿態や性的行動をとります。例えば、母親が家の中に恋人を連れてきて、子どものいる部屋の中で性行為をする、または恋人に寄りかかって甘える等の行為をすると、子どもが女の子の場合、母親の行動を真似て、同じような姿態をとります。

　この行動は、女児の場合、女性の指導員に対して向けられるのではなく、男性の指導員に対して行われます。一方、子どもが男の子の場合は、性器に過剰な関心を示し、学童保育でみんなが遊んでいる部屋の中でパンツを脱いで性器を見せびらかしたり、トイレの中で他の友だちに自慰行為を見せたりします。

　このほか、母親が恋人と夜に外出することが多い場合、子どもは常に母親がいつ居なくなるかも分からないという不安におそわれ、その不安を解消できず、我慢しないといけない状況になると爪噛みが止まらなかったり、チック症状が出る子もいます。

　チック症状とは、突発的で急速な反復性をもって繰り返されるパターン化した運動または発声のことです。つまり、子ども自身がそうしようとは思っていないのに、勝手に筋肉が動いて目的のない運動を繰り返すものです。顔面の筋肉がピクピクと痙攣したり、首を振ったり肩を上下に動かしたりします。周りに注意されて、本人が止めようとするとかえって動きが激しくなったりすることがあります。チックの原因はまだ十分に解明されていませんが、子どもが緊張するとチックがひどくなることから、子どもが心理的な緊張感をもつときに、そ

のエネルギーを放出しているためではないかと考えられています。

　すなわち、チックになる子どものおかれている状況がストレス的であり、緊張を強いるものであると言えます。

○子どもが親の性行為を見せられたり、性暴力の被害にあっている場合、子どもの年齢が例えば小学校1年生であっても、指導員に対して、上目づかいに体を寄せて、なまめかしい姿態をつくることがあります。

○トイレの中にみんなと入ってマスターベーションを見せたり、みんなの前で性器を露出し、みんなが驚くのを見て喜びます。

④子どもへの性暴力の加害者

　子どもへの性暴力の加害者として、最も多いワースト3は、第一位が父（実父、養父または母親の恋人）、次いで兄弟、学校の先生の順です。指導員も加害者として例外ではありません。子どもの身近な人が子どもへの性暴力を引き起こしている事実を認識して、子どもが年齢不相応な性的行動をとっている場合、性暴力が潜んでいることを疑うことも必要です。

　幼い子どもが性暴力を受けている場合、子どもはその意味が分からないために、なかなか大人に性暴力の真実を伝えることができません。また、幼い子どもの場合、子ども自身はその意味が分からないために、だれにも言わない場合もあります。さらに、性暴力の加害者は、「だれにも言ったら駄目だよ」「言ったら嫌いになるよ」「言ったらもう遊んであげないよ」等、子どもが他人に言えないような脅しの言葉を伝えるため、子どもはなかなか性暴力を受けている事実を親や大人に言えません。

　しかし、それでも体に感じる嫌悪感や不快感、また羞恥心から逃れたいために、信頼のおける大人にSOSを発信することがあります。SOSは、「お兄ちゃんが上から乗ってきた」「嫌なことをされた」「痛かった」等、婉曲な表現でいうこともあります。

（3）愛着障害

　被害児童の心身の行動特徴として、内的行動、外的行動以外に、愛着障害もあります。愛着障害とは、親子の人間関係の構築が未熟なために起こるもので、他の児童への暴言・暴力だけでなく、友だちが求めていないことばかりをあえてしようとしたり、友だちと遊んでいて

も自己主張ばかりしようとする《他の児童に対する過度な介入》があります。また、学童に来ると他の子どもたちとは遊ばずに、いつも指導員の手や服をもって離さず、指導員にべったりと引っ付いていたり、怒られると必要以上に落ち込んでシュンとしたり、急にベターと抱きついてきたかと思うと、突然機嫌が悪くなって指導員を避け始めたりと、極端な行動をとる《指導員に対する執着と拒否》（ツンデレ行為）が認められます。

このほか、指導員に褒められたり、甘えるのも下手で、他の子が指導員の膝の上に乗っていると羨ましそうに見るけど、自分も他の子と同じようにちょこんと膝の上に乗ることができず、感情表現も下手です。

①他の児童に対する過度な介入
○親からの愛情が十分に受けられていない子どもは怒りっぽくて、他の友だちが楽しそうに遊んでいると過剰に入ってきたがります。また、話し口調もきつく乱暴です。

● **愛情を受けて育った子ども**

　愛情をいっぱいに受けて安心した生活環境で育った子どもは、落ち着いて他人の話を聞くことができます。また、自分の関心があることに興味を示し、それに集中します。

②**指導員に対する執着と拒否**

○愛着がうまく形成されていない子どもは他人との距離をうまくもつことができません。他の子どもと遊んでいても、指導員に突然抱きついてき

ます。そうして過剰に甘えたかと思うと、急に指導員を避けるという極端な行動をとります(ツンデレ行動)。
○指導員が他の子どもと話をしていると、指導員の関心をひこうとします。または、理由を言わないで、ずっと指導員について歩くこともあります。

　以上、被害児童にみられる内的行動、外的行動、および愛着障害は、子どもが生まれてから乳幼児期を経て現在に至るまでの間、最も身近にいる親から、生理的欲求を満たしてもらえず、基本的な信頼関係を構築できていないためにみられる特徴的な心身の行動です。

● 愛情を受けて育った子ども

　一方、子どもが育つ中で不当な暴力は存在せず、子どもと親との基本的な信頼関係を構築して大きくなった子どもは、自己表現が豊かで、友だちとの関係も上手にできます。また、自分の意思もはっきりと言えて、落ち着いて話を聞くことができます。
　生まれたばかりの乳児はおむつが濡れたりお腹が空くと泣いて訴える。母親はその声を聴いておむつを替える。またはお乳をあげる。乳児はこうした基本的欲求の充足により、母親が生理的な欲求を満たし

2. 入所時にみられる被害児童の行動特徴

てくれることを理解し、精神的な安らぎを感じ取るようになります。また、基本的欲求を満たす中で、母親とのアイコンタクトを重ねることで、母親との愛着形成を促し、自分の存在はとても大事にされている、愛されている存在だと認識し、親との基本的な信頼関係を構築していきます。

　乳児期に愛情の対象者として、母親とのきずながしっかりと結べている子どもは、母親に愛情を感じ、期待に応えようとします。母親が教える社会のルールや排せつ、食事のとり方、衣類の着脱等、多少窮屈なものであってもそれらを受け入れ、親や周囲の大人たちから褒められることを喜びとします。また、「自分は大事にされている」「自分は愛されている」「自分は生きるに値する」という基本的信頼感を十分に感じた子どもは、自分の意思を表現することができるようになります。

親からの愛情で満たされている子どもは表情が豊か！

宿題が終わったら、遊びに夢中

　子どもは、年齢と共に、段々と行動範囲の拡大や活動内容を複雑化させながら自律していきます。自律した子どもは社会や集団の中で自分をコントロールすることもできます。つまり、子どもは母親との間に基本的信頼感を構築し、そこで自己の絶対的存在感を確認し、自我の芽生えに伴う意思表現をしながら、いきいきとした生き抜く力を育てていくのです。

　通常、乳児の世話は母親が行いますが、父親や祖父母など、母親以外の大人が、子どもの存在を大事に思って愛情深く関わる場合も、乳児は育児をしてくれる養育者との間に基本的な信頼関係を構築します。親または親役割を担う養育者との基本的な信頼関係が構築できて、愛情を受けて大きくなった子どもは、表情も豊かで自分に自信があり、情緒も安定して落ち着きがあります。また、自分の意思を相手にしっかりと伝えることもできます。

イギリスの小児科医であるボウルビィ（Bowlby）は、乳幼児の健やかな精神的発達には乳幼児と母親（またはそれに代わる包容力のある母性的役割を担う養育者）との関係が重要であり、密接で持続的な両者の関係性が精神的満足と幸福感をもたらし、子どもの情緒の安定につながると報告しました。そして、このような関係性が欠如した場合、子どもは健やかな精神的・身体的発達を損なうだけでなく、学童期になっても衝動的で情緒不安定であり、成人後の人格にも影響を与えると指摘しています。

　すなわち、子どもを養育する親または親役割の養育者が、子どもの基本的欲求を満たさず、子どもの存在を無視し、子どもの訴えを怒りながら聞く、または、乱暴に衣服を着替えさせたり、食事のお皿やお箸を子どもに投げつけたりすると、子どもは不安におびえて、親との間に基本的な信頼関係を構築することができず、それが内的行動、外的行動、愛着障害として表れてくるのです。

③ 被害児童のその他の特徴

　被害児童の心身の行動特徴以外にも、虐待を受けている子どもは、虐待の事実が反映された特徴的な様相を示します。それらは、(1) 身体の清潔、(2) 身体の状態、(3) 食事のとり方、(4) 衣類（上着、下着、体操服、タオルなど）の状態で、これらは外から見ても分かる状態です。

(1) 身体の清潔

　身体の清潔では、洗顔ができていない、洗髪ができていない、散髪していない、髪の毛はフケだらけ、爪は伸び放題、爪の中が真っ黒、

手は垢で汚れている、側に近づくと臭い等の不衛生があげられます。何日も洗顔できていない場合は、泣いたら涙が黒い汁となって頬を流れ落ちることもあります。この他、親がハサミでぼさぼさに髪を切り、不揃いな髪形のままだったり、眉を半分切られた状態で学童保育に来ることもあります。

■ **不衛生**

○適切な養育を受けていない子どもは、洗髪、洗顔、入浴、歯磨き、衣服の着替えができていません。特に、夏は頭髪が臭くなります。

○入浴していないので、耳の後ろや首などは垢がたまり、手首や首筋のしわが黒い筋になります。また、爪は伸び放題で、爪の中も真っ黒です。手を洗う回数も極端に少ないので、手の甲も垢が付き、冬はアカギレになります。

3. 被害児童のその他の特徴

● 適切な養育を受けた子ども

　一方、適切な養育を受けた子どもは、毎日洗濯のできた衣服を着て、散髪も定期的に行います。耳の後ろ、爪の中、手の甲など、汚れが溜まりやすいところも清潔に洗っています。洗髪もしっかりとできているために、汗をかいてもにおいが気になりません。

（2）身体の状態

　親が子どもを殴るのは、子どもの言動にイラついたり、親の気分によるものが多いようです。そのため、週末、子どもと親が長い時間を一緒に過ごした場合、親のイライラが募って暴力をふるい、休み明けの月曜日などに、子どもがアザを作ってくる場合も珍しくありません。

　アザや傷は、顔面や腕、または膝の裏側や背中等にみられます。殴られた直後にできるアザは暗紫色ですが、日がたつにつれて色は変化し、暗紫色の周囲が薄い黄色になり、そして黄色になり、消えていきます。数日おきに殴られた場合は、これらの色が混在します。

Ⅰ　指導員が見つけやすい児童虐待の徴候

子どもを殴る場所は、暴力が長期化すると顔面などの目立つ場所以外に、背中、太腿の内側、わき腹など、服の上からでは目立たない場所を選んで殴ります。目立つ場所だと虐待を疑われるからです。暴力の方法は、「殴る」「蹴(け)る」「叩く」だけでなく、「たばこの火を押し付ける」「コーヒーやラーメンなどの熱湯を子どもにかける」「灰皿や茶碗(わん)を力一杯投げつける」等です。また、より深刻な凶暴性のある暴力としては、「子どもを直接庭に投げつける」「床に叩きつける」「熱湯風呂に落とす」こともあります。こうした暴力によって原因不明の骨折が起こる場合もあります。

■外　傷

○親が感情に任せて殴る場合、頭部、顔面、腹部を容赦なく拳で殴ります。また、親の足で思いっきり蹴りつけることもあり、そうした暴力を受けた子どもの頭部、顔面、身体にアザや出血後のカサブタを見つけることがあります。色は、殴られた直後は暗紫色、その後徐々に色が薄く変化し、黄色になって消えていきますが、日常的に暴力が存在すると色は混在します。

3．被害児童のその他の特徴

　しかし、子どもは、親からの暴力が原因で骨折をしても、それをなかなか周囲の大人に話しません。子どもが親をかばう意味もありますが、子ども自身が親から暴力を受けていると認めたくないからです。親からの深い愛情が行き過ぎて、しつけのために自分に厳しく接しているためだと思うことにより、その暴力を暴力と思わず、愛情だと思い込ませて、暴力を受ける現実を受容しようとするからです。また、親が子どもに暴力をふるう場合、「てめえ死ね」「産まなければよかった」「あんたなんか（お前は）、いらない子だった」という暴言も一緒に吐くため、子どもは自分が悪いと思い込まされて、自分を責めるために、ますます周囲の人に暴力の話をしません。そして、幼い頃から暴力を長期的に受けて大きくなった子どもは、それが日常だと思い、家族以外の誰かに話すということに考えが至らず、偶然誰かに発見されるまで暴力に耐え続けています。

○着替えのときに、不自然なアザを発見することがあります。

（3）食事のとり方

　ネグレクトをしている親の多くは、子どもの食事を作りません。子

どもは満足な食事を与えられていないために常に飢餓状態になります。学童保育で出されたおやつを奪い取るようにして食べる、食べるときにガツガツと必死で食べる、または他の子どもの残したおかずも全部もらって食べる等の食行動異常を起こします。また、飢餓状態が長く続いている子どもは過度の空腹感による胃痛を訴えることもあります。そして、お腹が空いているにもかかわらず、胃が痛くて気持ちが悪く、あまり食事が食べられない子どももいます。

　このほか、土曜日や長期休暇などでお弁当の持参が必要なときに、ご飯だけをお弁当箱に詰めてきたり、おかずはふりかけだけ等、明らかに子ども自身でお弁当を詰めてきたのだろうと思う場合もあります。そうした子どもは、お弁当箱を隠して、中身を見られないようにしてご飯を食べます。または、いつもコンビニ弁当を買ってきたり、持ってきても小さなパンが1個だったりで、子どもが食べる内容や量としては不足しています。

■食行動異常
○おやつにものすごく執着し、がっついて食べます。友だちが残したものも、なりふり構わず、もらって食べます。

○長い期間、空腹が続くと、食べたいという欲求はあっても胃が痛くて食べられない子どももいます。また、滅多におやつをもらえないと、食べたこともないおやつが出されると気おくれして食べない場合もあります。

（4）衣類の状態

　ネグレクトを受けている子どもの状態として、衣類の状態が不衛生というのも多くみられます。子どもの上着、下着、上靴、体操服、タオル等の洗濯やアイロンがけが一切行われず、着ている服のサイズも大きかったり、小さかったりと不釣り合いです。例えば、衣服は洗濯ができていないために、食べこぼしなどのシミがついたままになっていたり、襟や袖口が垢で真っ黒になっています。または、同じ服を毎日着て登校するが、その服は家でも着て過ごしているのか、しわだらけで汗臭くなっています。服はボタンが取れ、下着のゴムが緩んだままになっていたり、靴下に穴が開いたままになっていることもありま

す。中には、親が着ていく服を用意しないので、子どもが家にある服を適当に選んで着てくることもあり、サイズや組み合わせのおかしい服を着ていることもあります。

○家に帰っても着替えがなく、同じ服で寝ていることもあるため、しわだらけの服を着ています。同じ服を何日も着ています。
○子どもの成長に合わせた服を買わないので、着ている服はサイズが合わず、小さかったりぶかぶかだったりします。靴も穴が開いたり、服のボタンが取れたままになっています。また、下着を替えさせるのが面倒な親は、紙おむつを使わせていることもあります。

3. 被害児童のその他の特徴

　さらに、普段はいている靴や上靴等も洗っておらず、穴が開いたり、靴底のゴムが取れて足の指が見えた状態で通学する子もいます。学校で使った水着やタオルなども洗っておらず、使ったままの状態で袋に入れて放置し、それを次回使うときに持ってくるので、水着やタオルにカビが生えていることもあります。

　このほか、夜間、子どもがトイレに行くのを嫌がる親は、子どもの年齢に関係なく紙おむつを使わすこともあり、高学年の子どもであっても紙おむつをつけたままで学校に来る子もいます。紙おむつを履かせられた子どもは、みんなのいるところで更衣することを嫌い、身体測定で服を脱いだり、体操服に着替える際には隠れるか、学校や学童保育から抜け出して家に帰ることもあります。

● 清潔感のある服装

　○適切な養育を受けた子どもは、いつも洗濯をした衣類を着て清潔感がある。

I　指導員が見つけやすい児童虐待の徴候

そして、入所して以降、これまで見たことがないような行動をとり、言葉遣いも悪くなった子どもは、親の失職や離婚、再婚などが原因で親のストレスが暴力として子どもに向かっていることもあります。
　このほか、児童虐待を誘引する原因として、注意欠陥多動性障害（attention deficit hyperactivity disorder、以下 ADHD）という子どもの発達障害があります。生まれつき脳の機能が十分に発達していないことが原因と考えられており、本人が意図的に問題を起こしているものではありません。ADHD の特徴は「不注意」「多動性」「衝動性」の３つが主な症状で、注意力が散漫で物事に集中しにくく、忘れっぽい状態をいいます。物忘れも多く、最後まで落ち着いて物事をやり遂げることが難しく、途中で放り出します。記憶があいまいで整理整頓にも時間がかかります。こうした特徴のために、親の育児ストレスが強く、児童虐待につながりやすいと指摘されています。
　一方、長期にわたって児童虐待を受けた被害児童も、これまで述べてきたように、ADHD の子どもと類似した状態になります。そのため、深刻な児童虐待を受けた被害児童は「第四の発達障害」と呼ばれています。
　したがって、学童保育で接する子どものなかで、多動で落ち着きがなく、多くの問題を起こす子どもがいる場合、それは ADHD なのか、児童虐待によるものなのかの見極めは非常に難しいために、専門家への相談が必要になります。適切な助言を基に、その子どもと関わることで、子どもだけでなく、周囲の保護者や指導員もストレスが改善されるからです。
　以上、これまでの調査から、指導員は、児童虐待を受けている被害

児童の行動として、子どもたちが学童保育に入所した当初から、前述したような多くの事柄を認識していました。そして、これらの行動特徴は、児童虐待の種類に応じて系統的に現れるのではなく、虐待の種類にかかわらず、被害児童の特徴的言動として現れていることも気づいていました。また、入所時には年齢相応な行動であり問題がないとされていた被害児童が、家庭の変化により親からの暴力を受けた場合は、被害児童と同様の行動特徴を示すことも認識していました。しかし、これらの徴候を指導員が児童虐待と捉えることに自信がなくて、対応が遅れる場合もありました。

したがって、前述したこれらの特徴を認識し、子どもの様相をみておくことは、子どもの変化に気づくのも早く、児童虐待の早期発見につながると考えます。

❹ 児童虐待を疑う親の言動

（1）加害者である親の特徴的な言動

家庭の中に児童虐待が存在している場合、その影響は子どもの言動や服装等に現れるのですが、同時に、暴力をふるう加害者である親も、暴力的な言動を示すという特徴があります。それらは、子どもの送迎時にみられる不適切な養育態度であり、子どもの些細な行動に対して頻発する①《暴力》、②《暴言・恫喝》、③《未熟な親性》として表れています。

①《暴力》は、「すぐに子どもを殴る」「容赦なく拳で頭部や顔面を強打する」「子どもを殴る回数が多い」等です。お迎え時に子どもの片

づけが遅い、呼んでもすぐに来なかったという単純な理由だけで、カッとなり、みんなの前で躊躇なく子どもを殴るものです。

② 《暴言・恫喝》とは、暴力をふるう際にも頻発する乱暴な言葉遣いです。例えば、「こいつの頭は空っぽですから」「アホですから」「よく飯を食う豚です」等、子どもの自尊心を傷つける言葉が日常的に使用されます。また、《恫喝》は、「殺すぞ」「死ね」「ぶち殺すぞ」「消えろ」「そこから投げ捨てたろうかぁ」等、子どもの恐怖心や不安を煽るような内容の言葉で、語気を強めて怒鳴るように言うこともあります。一方、怒鳴らないけど、静かに無表情で子どもと接し、威圧的であり、子どもが話しかけても無視をすることもあります。

①暴　力

○お迎えの時に、子どもの荷物の片づけが少し遅れて親を待たせたというだけで、すぐに拳で頭を殴る親がいます。そうした親は、些細なことで子どもを殴るという行為が頻回にみられます。殴るときに、指導員や他の親が見ていても気にしません。

○加害者である親の特徴として、身体的な暴力だけでなく、心理的な暴力もみられます。友だちや指導員がいる前で、「何をやってもこの子は駄目だから」「馬鹿だから」「頭が空っぽだから」と、子どもの自己肯定感を削ぐような言い方をします。

②暴言・恫喝(どうかつ)

○「死ね」「失せろ」「消えろ」「捨てるぞ」等、子どもの存在を否定するだけでなく、子どもが恐怖心をもつ言葉を使います。また、大声で怒鳴りつけて、子どもを萎縮させます。

○子どもを無視する心理的虐待の方法もあります。「子どもが一生懸命話しかけても、子どもの顔を見ない」「返事をしない」等です。または、兄弟・姉妹間で差をつけて、気に入った子どもとは楽しそうに話すけど、かわいいと思えない子どもには睨みつけて側に寄せ付けない等です。

○親によっては暴力をしつけだと考え、全く自分が暴力をふるっていると自覚のない親がいます。その親も、子どもの頃に自分の親から暴力による支配を受けて育った経験があり、子育ては厳しいものだと信じて疑わないからです。

このほか、元気な子どもを病人にして周囲の気を引こうとする代理ミュンヒハウゼン症候群（Munchausen Syndrome by proxy）の親もいます。これは、自分に周囲の関心を引き寄せるために、子どものけがや病気をねつ造するもので、その病気やけがをする対象が親自身

ではなくて、身近な自分の子どもに代理をさせるものです。病気の子どもを看病する健気な自分を演じて他人に見せ、周囲の同情を引き自己満足するというものです。親の傷害行為が繰り返し継続的に行われることで、子どもの命を脅かす重篤な傷害につながることもあります。その多くは母親にみられます。

具体的には、親が内服している抗てんかん薬や抗うつ薬、または入眠剤等を子どもに服用させて、「子どもが原因不明の難病にかかっている」、または元気な子どもを車いすに乗せて「歩行ができない」等と医師や周囲に訴え、疑似疾患を作ることです。

(2) 指導員としての留意点

保護者がお迎えに来る場面で、不適切な親の養育態度を見たら、家庭でも子どもへの関わりが不適切であり、子どもの自尊心を損なうような精神的あるいは身体的な暴力が存在しているかもしれないと疑ってみることが必要です。この不適切な養育態度をとる親の存在は家族の形態（両親のいる家庭か一人親の家庭）、親子の続柄（実の親子か再婚による継子）、家族構成（核家族か祖父母等のいる同居家族）や人数に関係がなく、どういった家庭環境であってもみられるものです。

他方、入所時には問題がないとされた親が、入所後児童虐待を起こすのは離婚、再婚等による家庭内の人間関係が変化し、それが親のストレスとなり児童虐待の契機となっていることもあります。また、離職や賃金の低下により収入が減ることも児童虐待の誘因となることから、家庭環境の変化は親のストレスを高め、子どもへの暴力を引き起こしやすい状況だといえます。さらに、家庭内の問題に関するストレスを抱えた親は、そのことを第三者に相談しないために、他者からの

アドバイスや支援につながりにくい状況でもあります。

　児童虐待に気づいた指導員は、加害者である親の言動について他の親とは違う行動をとると感じることが多くあります。しかし、指導員によっては、これらの親の不適切な養育行動を「あれ？　変だなぁ、普通の親とはちょっと違う」「どうしてあんな言葉遣いをするのだろう」と思っても、それが児童虐待とはすぐに考えることができず、暴力がより深刻化するまで何もしないで様子をみていることも珍しくありません。

● 子どもがのびのび育つ親の行動

　子どもがのびのびと育つ保護者の関わり方とは、子どもの目を見て話をする、子どもが親をみたら笑顔で応える、子どもの話すことをきちんと聞く等です。また、子どもの自己肯定感を否定した言葉は使わずに、子どもの存在そのものが大切であるという思いをもって接します。それは、子どものいいところを褒め、子どもが頑張ってしたことを認めて褒める等です。そうすることで、子どもは自分が親から必要とされた存在であると感じ、自己肯定感を育てていきます。

○子どもを大事に思う親の行動は、子どもと目が合えば笑顔で応えます。子どもが可愛いと、顔を見ただけで親は笑顔になるからです。また、子どもは自分の発見を親に知らせようとします。それは子どもが親の愛情を確認する行為でもあります。日々、成長する子どもの言動を愛でながら、しっかりと話を聞いて返事をすることが大切です。

4. 児童虐待を疑う親の言動

○子どもの成績が良いとか、習い事の結果がいいということだけではなくて、子どもが頑張って努力している姿勢に対しても、しっかりと認めて褒めると、子どもは本当に自己の存在を絶対的なものと感じて安心します。

Ⅱ 学童保育における指導員の対応

●鈴井江三子 すずい・えみこ

　児童虐待を疑ったまたは発見した際に、指導員の主な対応として、「被害児童への対応」「他の入所児童への対応」「親・祖父母への対応」「学校・関連機関への対応」等が考えられます。

1 被害児童への対応

　被害児童への対応として、(1) 被害児童である子どもの話をあるがままに聞く、(2) 子どもへの生活自立支援、(3) 暴力を受けた時の状況分析と対処方法への支援、(4) 子どもの居場所の確保、(5) 他の子どもとの信頼関係の構築に向けた支援、の5つが考えられます。

（1）被害児童である子どもの話をあるがままに聞く

　指導員が児童虐待を発見する際、子どもの話す内容が発見の契機になることも多くあります。子どもが「おうちに帰りたくない」「ご飯を作ってくれない」「殴られた」などを話したときは、子どもの側に座って、話をしっかりと聞くことが大切です。子どもが話しやすい雰囲気を作るために、子どもと一緒にタオルを畳むとか、本を整理するなど、簡単な片付け作業をしながら、ゆっくりと話を聞くと、子どもは緊張しないで話を進めることができます。

　子どもが話した内容については、指導員が掘り下げて聞くのではなく、子どもが話す内容について繰り返して言う、または相づちを打ちながら聞くようにします。この際、間違っても「いつ、殴られたの？」「だれに殴られたの？」「どうやって殴られたの？」等、子どもの話を

1. 被害児童への対応

　より具体的に聞こうと思って、次々に質問をしてはいけません。指導員が先にいろいろと聞くことによって、子どもは物語を作ってしまい、真実が見えにくくなります。また、子どもの話したことを「そんなことはないでしょう！」「先生は信じられない」などと、子どもの話を否定したり不必要に驚いたりすると、それ以上子どもは話さなくなります。

　子どもが児童虐待を疑う内容を話したら、まずは子どもの話をあるがままに聞くことが重要です。

○子どもの側に座って簡単な作業をしながら、さりげなく子どもの話を聞くようにすると、子どもはとてもリラックスします。

○子どもの話す内容を繰り返して聞いていきます。間違っても、指導員が子どもの話を誘導しないようにします。指導員が誘導することで子どもは物語を作るからです。

(2) 子どもへの生活自立支援

　ネグレクトにより子どもの清潔が保てない場合、子どもの年齢に合わせて生活自立につながる支援をしていくことが必要です。例えば、親が入浴や掃除、片づけをしないのであれば、それらを子ども自身で行えるように指導をすることです。洗顔や歯磨きができていない子どもへの対応策として、「正しい歯磨き方法を学ぼう」「石けんの泡立て方」等の生活支援プログラムとして保育行事を企画し、入所児童全員で行うようにします。爪切りや衣服・運動靴の洗濯やお茶碗の洗い方なども同様に企画して指導することができます。また、土曜日や長期休暇中など、子どもが長く学童保育にいる際には、炊飯器の使い方など、子ども自身でご飯が炊ける練習をさせることも工夫の1つです。

　この際の留意点として、被害児童だけを対象に個別に練習をさせるのは、子どもの自尊心を傷つけることにつながりかねません。入所している子どもたち全員で行い、1つの生活体験の学びとして入浴、掃除、洗濯、料理ができるように配慮することが大切です。

○入所している子どもたち全員で、運動靴や上靴の洗い方を練習して生活自立を促します。

○おやつの後は手洗いや歯磨きの仕方を練習します。また、土曜日など長時間学童保育に居るときは、洗顔や洗髪の方法を練習するのも、子どもの衛生に対する関心を高めることになります。

（3）暴力を受けた時の状況分析と対処方法への支援

　家庭の中で、親がすぐに暴力をふるう場合、状況によっては親からの暴力を子どもが上手にかわせることもあります。子どもと何度か話をする中で、どういった状況で親が子どもに暴力をふるうのか、その状況を聞きながら、暴力につながった直接的な原因を子どもに考えさせて、その原因を繰り返さないように指導する方法もあります。

　また、どうしても暴力が激しくなったとか、家に居るのが危険だと感じた場合、だれかに電話をかけて助けを求める、または近くで頼れる人の家はあるのか、だれか相談できる人はいるのか等、子どもが現実的に対処できる方法を考えさせて、緊急時に対応できるような心構えと準備をさせることも大切です。

（4）子どもの居場所の確保

　家庭では親からの暴力があり、学校では勉強や友だちとの関係性に気を遣わなければならず、子どもがのんびりと過ごせるのは、親役割的存在の指導員が笑顔で迎えてくれる学童保育であったりします。唯一の逃げ場が学童保育であるという子もいます。そのため、学童保育が子どもの居場所になるよう関わることが大事になってきます。それには、子どもと一緒に過ごす時間を長く持つだけではなく、子どもが毎日通って来たいと思えるようにする工夫も大切です。また、子どものできることを増やし、自信をつけさせていきます。

○児童虐待を受けている子どもは、家では安心する場所がありません。そうした子どもは、信頼のおける大人がいる学童保育が唯一、心の休まる場所になります。

　一方、他の入所児童からの理解を得る支援を行う必要があります。清潔が保ちにくいネグレクトの子どもが、他の入所児童からのいじめに遭わないよう、他の子どもたちには「○○ちゃんのお母さんは忙し

1．被害児童への対応

いからね」「○○ちゃんのお父さんも良く頑張っているけど、仕事が忙しいからなかなかできないこともあるのよ」などと説明し、子どものおかれた状況に関する理解を促します。

　このほか、親との信頼関係を構築するために、学童保育における子どもの過ごし方や起こった出来事などを「お便り帳」（連絡ノート）に書いて、親とのコミュニケーションを図ります。しかし、他の子どもとけんかをしたとか、宿題を全くしなかったなど、親によっては子どもが明らかに必要以上に叱られると予想される場合は、「お便り帳」に書く内容も検討します。子どもが過剰に叱られることが予測される場合は、説明の仕方や書く内容を工夫し、不必要な暴力が子どもに及ばないように配慮します。

○他の入所児童との関係が悪くなると、被害児童の子どもは学童保育での居場所がなくなります。他の子どもたちと上手に遊べるように声をかけて、調整する必要があります。

(5) 子どもとの信頼関係の構築

　親から虐待を受けている子どもにとって、学童保育が落ち着ける場所であり、唯一の居心地のいい居場所になっていることがあります。そこには、指導員と子どもとの間に信頼関係が構築されているからです。暴力を受けて大人を信じられない子どもが、指導員との間に信頼関係を作るには、「この人は安心して側に居てもよい人だ」という気持ちになるからです。そのため、まずは子どもと気の合う指導員ができるだけ関わるように心がけて、子どもの心をリラックスさせるように努めます。また、子どもの側に座り、一緒に過ごす時間を長く持つように工夫します。

　このほか、子どもが約束を守り、後片付けを手伝った等、良い行いをした際はその都度褒めるようにすることで、子どもの自己肯定感を促し、結果的にそれが指導員との信頼関係を作ることになります。

❷ 他の入所児童への対応

　児童虐待を受けている子どもの居場所づくりには、他の入所児童への対応も必要になってきます。親からの暴力が、子どもの外的行動として表れている場合は、容赦なく他の子どもにその暴力が向かっていきます。そのため、他の入所児童がけがをしないように、指導員が中に入って暴力を阻止する必要があります。それでもけんかをした場合は、けんかをした理由を考えさせて必要に応じて謝らせるなど、他の子どもとの関係性を調整していきます。そして、友だち同士、お互いに「ありがとう」「ごめんなさい」が言えるように指導していきます。

また、学童保育の中で気の合いそうな友だちを見つけて、友人関係が構築できるようにします。

○けんかをしたら、なぜけんかになったのか、その原因を一緒に考えさせて、謝ったり、謝られたりすることを学ばせます。

○高学年のお姉さんや同級生などで、気の合いそうな子どもがいたら、その子との関係性が築けるような声かけを行います。

❸ 親・祖父母への対応

（1）親への対応

　指導員と親との信頼関係を構築するために、最初は学童保育における子どもの生活について話をし、子どもの良いところを見つけて褒めるようにします。そして、日々の会話のなかで、親の生活も把握し、頑張っている親を励まし、親に対しても慰労の言葉を伝えるようにします。

　もし、保護者のお迎え時に、子どもが頭ごなしに大声で叱られているのに気づいたら、親への挨拶(あいさつ)をすることで、子どもへの暴力を遮るように工夫します。また、会話の進まない保護者に対しては、笑顔の挨拶だけでもいいので、子どもの帰る準備が終わるまでゆったりと親子の側に寄り添うようにします。

○親が不用意に子どもを叱っていたら、親の暴言が続かないように声をかける工夫も大切です。

3．親・祖父母への対応

　こうして親との会話が徐々に多くなると、ときには指導員は親の相談役的立場になることもあり、その際は、必要に応じて地域の人的・物的資源に関する情報を提供していくことも可能になります。暴力をふるう親は、親自身が人間関係の構築が下手であり、困ったことがあっても相談相手がなく、問題を解決できないストレスがさらなる暴力につながっている場合もあるからです。

○親も多くのストレスを抱えて頑張って生きているということを理解して、「おかえりなさい」「お疲れさまです」「今日も大変でしたね」等のねぎらいの言葉をかけるだけで、親も癒されます。

（2）祖父母等への対応

　実父母が児童虐待をしている場合、その家族に介入しやすいのは祖父母の存在です。しかし、祖父母が同居しているにもかかわらず、児童虐待が日常的に行われているようであれば、祖父母の存在が児童虐待の抑止力になるのは難しいかもしれません。祖父母の家が別にあり、距離も比較的近いようであれば、子どもの逃げる場所になります。祖父母が送り迎えをする機会を上手に使って、指導員との信頼関係を構築しておくと、緊急時の対応で役立つことがあります。

　祖父母以外に、実父母が親しくしている兄弟や叔父・叔母等の存在を把握しておくことも対処する際の力になります。

4 学校・関連機関への対応

（1）小学校との連携システムの構築

　学童保育における児童虐待の対応として、小学校との連携の重要性

は言うまでもありません。しかし、これまでの著者らの調査において明らかになったことは、学校との連携がスムーズにできている学童保育はまだ一般ではなく、多くの学童保育では、子どもの情報を学童保育の中だけで留めておくという実態がありました。理由としては、指導員が学校の先生に遠慮して、もし、早期に児童虐待を疑ったとしても、こんな些細(ささい)なことを学校に言ってもいいのかどうか分からないと悩んでいたからです。または、小学校の校長先生の考え方で、学童保育への対応が変わるという声も珍しくありませんでした。

　学童保育と学校との連携を密にするためには、両者の情報交換がスムーズにできるシステム作りが必要です。例えば、年に数回、各学期で連絡会議をもつ、または、随時、気になる子どもが居たら担任に相談する等です。小学校を含む地域の支援体制がある学童保育は、指導員が安心して子どもや保護者への関わりをしています。

小学校と学童保育との情報交換について、子どもや家族の個人情報保護の観点から、情報が漏れるのを危惧（きぐ）する学校もあります。その場合は、主任指導員のみで情報を留めるのか、学童保育全体で情報を共有するのかなど、学校と学童保育の両者で相談し、個人情報保護に努めるのが望ましい方法です。同じ子どもを預かる双方の協力なくしては児童虐待の早期発見、早期介入への対処は難しいからです。

（2）学校以外の地域組織との連携

　学校以外の地域にある人的・物的資源との連携も、被害児童を支援する上で必要不可欠です。児童虐待への対応は、被害児童へのケアだけでなく、親への介入も必要になるからです。最も望ましいのは、学区を統括する行政が中心となって定期的に学童保育と学校および幼稚園や保育所との連絡会議を持ち、子どもの情報交換を行い、それぞれで実施できる支援の方法を検討し、対応することだと考えます。学童保育を管轄する子育て支援課等の行政との連携や、児童委員、民生委員、保健師および医療機関との連携を密にし、子どものセーフティネットを構築し、児童相談所への通報が迅速に行えるように、各学童保育間での情報交換をしておくことが望まれます。

⑤ 指導員へのケア

　最後に、もうひとつ大切なことは、指導員自身のケアが必要だということです。児童虐待を疑う、または発見した指導員は、子どもの受けた暴力をみることにより、心理的ストレスを抱えることになります。その暴力が深刻であれば、指導員も子どもを介して暴力を受けたよう

な疑似体験をすることがあります。また、「もっと早くに気づいていればここまでひどくならなかったのに」と、自分を責める人もいます。自分の暮らす地域で起こる児童虐待は、近隣住民との人間関係もあり、情報の守秘義務があります。そのため、迂闊に話せない苦しさがあり、自分一人で抱え込むことが多く、より指導員のストレスは強くなります。

　すなわち、児童虐待に関わった指導員は、指導員自身へのケアをする時間の確保が大切です。そのため、学童保育内で全員に話せること、主任指導員と常勤指導員レベルで話を留めておくことなど、話せる内容の違いを認識し、個人情報を守るのは当然ですが、施設間においての信頼のおける主任指導員同士の連携をもち、情報の共有を図りながらカウンセリング的効果を得ることをお奨めします。

III 具体的な事例

●鈴井江三子 すずい・えみこ

　この章では、実際にあった児童虐待の事例を基に、子どもの状態、指導員の対応等をご紹介します。皆さんの学童保育で同じような子どもに出会ったとしたら、皆さんならどう対応するのか、またはどう対応できるのか、指導員のみんなで話し合う機会になればと思います。

1 性暴力被害が疑われる小学校2年の女児

《子どもの状態》

　他の子どもと遊んでいても前に前に出てきて、出しゃばってくる子どもだったから、上級生に嫌われていた。小学校1年の入所時、まだあどけない幼児の顔をした女児が、指導員の前で母親の性行為を詳細に話すので、指導員はとても驚き、対応にとまどったが、そのまま様子を見るようにした。

　家族は母親、祖母、中学生の兄と本人の4人家族で平屋の借家にすんでいた。部屋は狭く2LDKで、女児は実母と一緒に同じ部屋で寝ていた。母親の恋人が来ると3人で寝るため、母親の性行為を知ることになり、母親の恋人が来るのをとても嫌がっていた。

　入所後、どんどん顔面のチックがひどくなり、落ち着きもなくなってきた。爪噛みもひどくなり、感情の起伏が激しく友だちともすぐにけんかをして、怒りっぽくなった。母親が夜遅くなり、外泊すると、その症状が悪化し、お腹が痛くなったり激しく泣いたりしていた。

1. 性暴力被害が疑われる小学校2年の女児

　1年の終わりごろ、足にアザを作ってきたので聞いたら、「上のお兄ちゃんやお兄ちゃんの友だちに上から乗られて叩かれた」と言う。チック症状が激しくなり、不安も強くなったため、時々お迎えに来る祖母にその状態を話すと、母親が夜パートで働きに行くため、夜出かけると不安が強くなるという。恋人とのデートにも時間を使うためもあり、夜いないことが、母親がいなくなるという不安を募らせているようだった。

【指導員の対応】

　母親に対しては徐々に挨拶などをして関係を作り、ある程度、母親と家庭の話ができるようになってから、連絡帳で子どもにチックが出ていることを伝えた。また、お迎えのときに母親と会った際には、「子どもを褒めてください」とか、「子どもの好きなものを作ってください」と、子どもへの関心を高めるような言葉かけをするようにした。小学校とも連絡を取り、学校でも不安が強く、泣いているときもある等、子どもの学校での様子もわかる範囲で伝えるようにした。子どもの変化をその都度、必ず伝えるようにしたが、母親が恋人に会うことについては何も言えない。母親の生活に踏み込むことはできない。

　他の入所児童への対応として、感情の起伏が激しく、出しゃばってくる子どもだったので、友だちとのけんかも絶えず、嫌われていたので、けんかをすると、なぜそうなったのかを考えさせるようにした。また、上級生のお姉ちゃんたちに指摘された言葉について、「なぜ、そう言われたのか考えてみようか」と言って、一緒に考えるようにした。謝ることも、繰り返し、繰り返し、教えていった。

　2年に入ってから、母親が恋人と会うのを控えるとチックは途端に

よくなり改善された。また、友だちとのトラブルも徐々に減ってきて、相手の気持ちが考えられるようになってきた。

しかし、校長先生や担任の先生に情報を伝えて、「気をつけて見ていかないといけない」と言われているが、具体的には何も対処をしていない。中学校の兄やその友だちが来て、女児に何をしているのか、それも気になるという。

このまま様子をみながら、女児が何でも言えるように、女児が話しかけやすい指導員が担当となって、関わっていくようにしている。

❷ 「しつけ」と称する児童虐待

《子どもの状態》

不定期に母親と父親が迎えに来る。父親は迎えに来ると、一方的に自分のことを一杯しゃべって帰るので「変わった人だなぁ」と思ったが、入所してからしばらくはあまり気にならなかった。家族は、祖父母、両親、本人と妹の6人家族で、2階建ての一軒家に住んでいた。父親は調理師で母親はパートをしていた。

1年生の後半から、両親共に、お迎えのときに子どもをすぐに殴る。母親が殴る回数は少ないけど、父親は殴る回数も多く、言葉の暴力もよく聞かれるようになった。指導員が話しかけても聞かない感じで、毎回、送迎時には「バカ連れてきました」「こいつ頭の中、空っぽでね、もう豚なんですよ」「食べるばっかりで」「こいつ、あほですからよろしゅう頼みます」と、必ず子どもをばかにする。あるとき、子どもがふざけて、父親の髪の毛をぽよーんと触っただけで、「てめえは何し

2.「しつけ」と称する児童虐待

よるん（何するんだ）、窓から投げ捨てたろうか」とものすごく、すごんだことがあった。

　子どもの様子は、1年生のころはあまり他の子どもと大きな違いはなくて気にならなかった。2年のころから、突然奇声を発する回数が頻回になった。子ども同士のボクシングも容赦がなくなった。1年のときは見られなかった行動をとるようになったので、注意をしても、「ふーん」というだけで聞かない。いつも叱られるために、それに慣れているのか注意をしても全く聞かない。無意味に大声を出すようになり、集中ができなくて、注意したことをすぐに忘れるようになった。また2年のときに、3年生の女の子の胸を触るようになった。

　子どもと一緒に遊んでいるときに、「おうちのみんなが仲良くできますように」という。また、「いつもおばあちゃんとおじいちゃんは怒っとるし、お父さんとお母さんは言い合いをしている」と言う。家庭の中は暴力が常にある状態なのだというのが分かった。

【指導員の対応】

　父親は学校の勉強などを熱心に教えている様子だったので、学童保育で主催するそろばん教室の行事に来てもらった。積極的に参加して、熱心に他の子どもにもそろばんを教えていた。しかし、父親の一方的な自慢話になり、指導員との会話につながらない。

　また、子どもへの暴言や暴力があるので、子どもは残念に感じると指摘するが、暴力や暴言は「しつけ」をする上で必要なことだと信じて虐待とは思っていない。

　年に3回（5月か6月ころ、10月か11月ころ、2月前後）、学童保育の常勤指導員2人は、小学校の校長や担任、教務主任と一緒に子

どもの情報を交換するために連絡会を持つようにしている。この子どもに関しては、1年の後半から気になりだしたので、小学校の先生たちと情報交換をして、子どもの変化に注意していた。その後、2年になり、子どもに対する暴力と暴言が悪化し、子どもの言動も落ち着きがなくて挙動不審になったため、小学校と相談して児童相談所に報告し、アドバイスに沿って対応するようにした。児童相談所に報告してからは、月に1回、お昼休憩や放課後の短時間でも、小学校の先生たちと連絡会をもつようにした。

❸ 医療職の継母による連れ子への虐待

《子どもの状態》

　小学校2年生の女児で、1年生の4月に入所したときから、ずっと指導員の手を握って離さなかった。指導員の手がふさがっているときは、服の裾をつかんで離さず、いつもついて歩いていた。指導員について歩くので、何故、いつもついて歩くのか話しかけるが、自分から積極的にお話をする感じではなく、聞いても下を向いて黙っている。怒られるとすごくシュンとして、一目で落ち込んでいるのが分かった。夏休みに入ったころ、目も真っ赤で泣きはらした顔をしてくるので、どうしたのかを聞いたら「グズグズするからお母さんに叱られて遅れた」という。

　家族は、実の父親、母親（継母）、本人と、実父と継母との実子である妹の4人家族。家の近くに、継母の実家があり、祖母が時々連れてくることがある。継母は病院に勤務する医療職のため、祖母が家事

3．医療職の継母による連れ子への虐待

を手伝っている。

　秋の運動会の時、父親と継母、妹の３人は一緒に同じシートに座って食べていたが、女児だけはお昼のお弁当を家族と離れた所で食べていたので、「あれ？　どうしたのかなぁ」と思っていた。

　その後、保育中にボール投げをした際に、腕が痛いと言うから、「どうしたの？」って聞いたら、「お母さんに叱（しか）られた」って言う。体の小さい華奢（きゃしゃ）な子どもだったので、膝にのせて、痛いという腕の服をめくって見たら赤くなっていたので、「叩（たた）かれたん？　叩いたら駄目よねぇ」って話しながら、腕をさすっていたら、背中も痛いという。背中も痛いというので、何も考えずに背中を見ようと服をめくると、背中一面が暗青紫色になっていた。一部分ではなくて、首の下から、お尻のくぼみのある所まで、背中一面、暗青紫色になっていて、最初何があったのか、あまりのひどさに体が震えて、絶句して言葉が出なかった。何で、どう叩いたら、ここまでの色になるのか、本当にあまりのむごさに涙があふれて止まらなかった。

　しかし、子どもは絶対、継母の悪口は言わない。自分が悪いから叱られるとしか言わなかった。

【指導員の対応】

　すぐに学校に電話して校長に報告し、養護教諭に手当をしてもらった。また、校長から、親と祖母に連絡をして事情を聴き、今回は児童相談所への相談だけにするが、今後、同じようなことがあったらすぐに児童相談所に通告すると説明し、自宅に帰った。母親は学校には来ないで、祖母が来たが、児童虐待とは認識しておらず、この子が悪いからしつけで体罰をしたという。

その後は、表面上見えないように目立たないように暴力を続けていた。殴ってアザができると、アザが消えた３日目ぐらいに学校と学童保育に来させていた。アザが治りかかったころに来させるので、大体は察することができた。また、しつけと称して真冬に真っ裸で外に放り出して警察がきたこともあるという。

　それでも祖母は相変わらず、娘がしつけをしているだけだと言い、実の父親は何もしないので、児童相談所に通告した。子どもは児童相談所に保護され、最終的に父方の祖母がいる他府県で暮らすことになった。

❹ 元気な子どもを病人にする代理ミュンヒハウゼン症候群（Munchausen Syndrome by proxy）

《子どもの状態》

　小学校に入学し、学童保育にも入所するというので、小学校に隣接する幼稚園から子どもに関する申し送りがあった。男児６歳で、多くの障害と疾病があるという。入所前の保護者への説明会で、子どもと母親と初めて面接をする。子どもは車いすに乗って登校してきた。母親の説明によると、子どもは夜間不眠気味であり情緒不安定で自閉症もある。また、正座ができず、階段やトイレでの自立歩行も困難であるといい、多くの診断書をもってきた。面談時に、幼稚園での対応が悪いとクレームを言うので、「特別に配慮が必要な親子だなぁ」と思った。

　行政と相談し、階段わきにスロープを設置し、トイレにも手すりを

4. 元気な子どもを病人にする代理ミュンヒハウゼン症候群

付けて、子どもが生活しやすいように環境を整えた。

　入所当日、子どもは母親に連れられて車いすに乗って登校してきた。しかし、母親が居なくなると、子どもは車いすから降りてしっかりと歩いていた。それでもあまり運動をさせてはいけないと思い、特別支援学級の先生と連携を取りながら様子を見ていると、日に日によくなっていく。母親からは激しい運動をさせないように言われているが、子どもは鉄棒もするし、ジャングルジムから飛び降りたりもする。

　連絡帳に、日に日によくなる子どもの状態を記録にして母親に報告をしていたが、母親はA病院に検査入院をさせるという。その結果、異常はないという診断結果であったが、病院の医師が誤診をしたと言って認めない。

【指導員の対応】

　学校に連絡をして、母親の言うことと子どもの状態が大きく違うことを伝える。A病院の受診後、診断結果が納得できない母親はB病院を受診。その結果、B病院の医師は代理ミュンヒハウゼン症候群を疑ってA病院の医師に連絡をし、診断名をつける。そして、B病院から小学校と児童相談所に連絡を入れて、小学校から父親に連絡を取る。

　しかし、子どもに全く問題がないという診断になると、子どもを病気にするために危害を加える可能性があるため、診断名を付けて投薬用にしたビタミン剤などを処方して経過観察をすることにした。

　以上、指導員はこれらの児童虐待に対して、すぐにそれが分かったわけではありません。児童虐待を疑い始めてから、これを小学校に伝えた方がいいのか、あまり騒ぎすぎない方がいいのかと、毎日、自問

自答しながら被害児童と過ごしていました。しかし、指導員が子どもの言動を見て児童虐待の疑いを持つ時点で、それは被害児童のSOSのサインかもしれません。また、児童虐待を疑ってから確信を得るまでの間、子どもは暴力にさらされ続け、その状態を耐えているのです。

　次世代の子どもを守る。子どもの身近な存在の指導員だからこそ、できる役割があるといえます。

発達障害のある、または疑われる子どもへの関わり

●鈴井江三子 すずい・えみこ

　学童保育において、児童虐待を受けた子どもの行動特徴を考えるときに指導員が一番悩むのは、発達障害の子どもとどう違うのかということです。長期間、深刻な虐待を受けた子どもは、「第四の発達障害」と呼ばれ、双方の行動は類似している点が多いからです。そのため、発達障害についても少し説明しておきたいと思います。

1　発達障害の子どもに対する学童保育の役割

　発達障害について、近年、ようやく社会的な理解が深まるようになりました。2016年4月には「障害者差別解消法」が施行され、障害をもつ子どもを含む全ての子どもに対して、適切な教育的支援が受けられるインクルーシブな社会のあり方が求められるようになりました。文部科学省（以下、文科省）は、共生社会の形成に向けたインクルーシブ教育を、以下のように示しています。

○障害のある子どもが、その能力や可能性を最大限に伸ばし、自立し社会参加することができるよう、医療、保健、福祉、労働等との連携を強化し、社会全体のさまざまな機能を活用して、十分な教育が受けられるよう、障害のある子どもの教育の充実を図ることが重要である。
○障害のある子どもが、地域社会の中で積極的に活動し、その一員として豊かに生きることができるよう、地域の同世代の子どもや人々の交流等を通して、地域での生活基盤を形成することが求められている。このため、

可能な限り共に学ぶことができるよう配慮することが重要である。
○特別支援教育に関連して、障害者理解を推進することにより、周囲の人々が、障害のある人や子どもと共に学び合い生きる中で、公平性を確保しつつ社会の構成員としての基礎を作っていくことが重要である。次代を担う子どもに対し、学校において、これを率先して進めていくことは、インクルーシブな社会の構築につながる。

　障害のある子どもと障害のない子どもが、できるだけ同じ場で共に学ぶことを目指すべきであるとしています。それぞれの子どもが、授業内容が分かり学習活動に参加している実感・達成感を持ちながら、充実した時間を過ごしつつ、生きる力を身に付けていけるための環境整備が必要だということです。この動きは学童保育の場でも同様に求められていることです。

❷ 発達障害とは

　発達障害として文科省が特別支援教育の中であげているものとして、学習障害（Learning Disorder：LD）、注意欠陥多動性障害（Attention Deficit Hyperactivity Disorder：ADHD）、自閉症スペクトラム障害（Autism Spectrum Disorder：ASD）の3つがあります。その中で学童保育の場面で対応に困惑するのがADHDとASDだと考えられます。ADHDの子どもは不注意、多動性、衝動性が、ASDの子どもは対人関係の構築が不得意等の行動が特徴であり、こうした特徴がみられる場合は、教育的、心理的、医学的観点からの詳細な調査が必要だとされています。

【ADHDの判断基準】

A. 以下の「不注意」「多動性」「衝動性」に関する設問に該当する項目が多く、少なくとも、その状態が6か月以上続いている。

○不注意
- 学校での勉強で細かいところまで注意を払わなかったり、不注意な間違いをしたりする。
- 課題や遊びの活動で注意を集中し続けることが難しい。
- 面と向かって話しかけられているのに、聞いていないように見える。
- 指示に従えず、また仕事を最後までやり遂げない。
- 学習などの課題や活動を順序立てて行うことが難しい。
- 気持ちを集中させて努力し続けなければならない課題を避ける。
- 学習などの課題や活動に必要なものをなくしてしまう。
- 気が散りやすい。
- 日々の活動で忘れっぽい。

○多動性
- 手足をソワソワ動かしたり、着席していてももじもじしたりする。
- 授業中や座っているべき時に席を離れてしまう。
- きちんとしていなければならない時に、過度に走り回ったりよじ登ったりする。
- 遊びや余暇活動におとなしく参加することが難しい。
- じっとしていない。または何かに駆り立てられるように活動する。
- 過度にしゃべる。

○衝動性
- 質問が終わらないうちに、出し抜けに答えてしまう。

・順番を待つのが難しい。
   ・他の人がしていることを遮ったり、邪魔したりする。
B. 「不注意」「多動性」「衝動性」のうちのいくつかが7歳以前に存在し、社会生活や学校生活を営む上で支障がある。
C. 著しい不適応が学校や家庭などの複数の場面で認められる。
D. 知的障害（軽度を除く）、自閉症などが認められない。

（『学童保育指導員のための研修テキスト』（2013年度版）pp. 140-141 より引用）

　前述したこれらの行動特徴は、子どもによって現れる程度が異なり、顕著にみられる場合と、そうでない場合があります。顕著にみられる場合は、例えば、子どもはずっと動き回り、道路へも飛び出そうとします。危険なので、親が注意し、子どもの手を引っ張って行動を抑制しようとしても、全く親の言うことを聞きません。

　発育・発達の早い段階で親が気づき、専門家の助言を受けていれば親のストレスは緩和されるのですが、だれにも相談していないと親のストレスが高まって暴言・暴力につながりやすくなります。行動特徴があまり顕著でない場合、周囲からはなんとなく「変わった子ども」と思われ、そのまま大人になる人が多いと言われています。

　ASDの子どもは、「対人的コミュニケーション、および対人的相互交流の障害」と「行動、興味、および活動の限局された反復的な様式」を特徴とする発達障害で、重度の知的障害を伴う子どもと、そうでない子どもがいます。知的障害を伴わず、対人的相互交流の障害が軽度の場合は、周囲もあまり気に留めずそのまま大人になり、職場の人間関係に困難感を持ちながらも社会生活を送っています。

❸ 児童虐待を受けた子どもとよく似た行動特徴

　児童虐待を受けた子どもの行動特徴として、「不安・緊張」「自発性の欠如・不活発・抑うつ」などの内的行動、「衝動性」「攻撃性」「性的行動」などの外的行動、「他の児童に対する過度な介入」「指導員に対する執着と拒否」などの愛着障害があります。例えば、不安・緊張の高い子どもは、常に緊張し、時に奇声を発して、落ち着きがありません。衝動性が高い子どもは、すぐにカッとなり、友だちの手をはねのけたり、怒りっぽくて物を投げつけたりします。愛着障害のある子どもは、友だちが求めていないことをし、自己主張ばかりします。

　これらの行動は、発達障害のある子どもにもみられる行動特徴であり、注意力散漫でじっとせず、常に部屋の中を動き回り、宿題に落ち着いて取り組むこともできません。また、友だちと遊んでいても、自分の興味のあるおもちゃだとそれをつかみ取り、興味がなくなると、次の関心事に気が移っていきます。友だちが嫌がって「やめて」「待って」と言っても、そうした意思表示には反応せず、自分の興味のあることに向かっていきます。

　したがって、虐待の被害児童がもつ攻撃性なのか、発達障害の注意力欠如や対人的相互交流の障害により、相手の気持ちが理解できないために友だちとけんかになっているのか、実際に保育で関わる指導員にはなかなか判断がつきません。

4 発達障害のある子どもとの関わり

(1) 保護者への関わり

　発達障害であるのか、児童虐待を受けた被害児童の行動特徴なのか、子どもによって現れる状態や程度が異なるために、その判断は、時に専門家でも難しいといわれています。指導員が保育の場面で、前述したような行動の特徴をもつ子どもに出会った際には、指導員同士の情報交換を密に行って、子どもの状態を把握することが大切です。

　学童保育の中だけで情報を共有し、対応しようとは思わないで、迷わず関連機関や行政と連絡をとり、助言を求めることが必要です。保護者に対して専門家への相談窓口を勧める場合は、学校等から保護者に連絡を取ってもらい、説明をしてもらう方がスムーズな場合も多いです。特に、保護者がまだ子どもの状態を認識していない場合や、指導員と保護者の信頼関係が構築できていない場合、保護者に対して専門家への相談を勧めると、保護者の拒否反応が強く出ることもあります。子どもの障害に関しては、とてもセンシティブな問題なので、スクールカウンセラー等への上手な橋渡しをすることもひとつの方法として考えられます。

(2) 子どもへの関わり

　発達障害をもつ子どもは、注意することが必要な場面で意識の集中ができなかったり、注意が散漫になったり、もともと注意深く行動をとるということが困難であったりと、多様な状況が考えられます。それに伴って、さまざまな場面で、問題・トラブルが発生し、発達障害の子どもに対応するための指導員を確保していても、時に対応が難し

4. 発達障害のある子どもとの関わり

い状態に陥ります。また、どう対応したら、目の前にいる発達障害の子どもの幸せにつながるのか、自分の力の限界に悩む指導員も多いと思います。

　他方、子どもたちの気持ちとしては、自分なりに精いっぱい頑張っているのに、どこに行っても自分のことを理解してもらえない、自分も周りのことが理解できないという状態であり、生活すること自体が大変なストレスを感じているのです。こうした子どもの気持ちを理解することも大切です。

①集団生活から個別の対応へ

　知的障害を伴わないASDの子どもは、教科書を読んで理解し、回答を答案用紙に書くことは問題なくできます。目から入る情報の理解や暗記は、むしろ優れている子どももいます。しかし、友だちとの会話のやりとりや、言葉以外で表される相手の感情や気持ちを読み取るとか、その場の雰囲気を察知して、それ以上相手に近づかない等の対応は困難です。つまり、目からの情報は入っても、耳からの情報や目に見えない感情、または雰囲気を受け取るのが苦手なのです。

　1対1の限られた人による少数での会話だと、ASDの子どもは安心して、自分の気持ちを話し、自然に笑顔が出てきます。ただし、そこに第三者が加わると、途端にスイッチを切ったように笑顔が消えて、顔がこわばり、何も話さなくなります。融通性に乏しく、臨機応変ができないからです。臨機応変が求められる嘘や集団で行う競技等はとても下手だと言われます。

　程度の差があったとしても、こうした傾向がみられる子どもには、大勢の友だちと遊ぶことはストレス以外の何物でもありません。対人

関係が苦手な様子が見られ、臨機応変が利かない子どもには、指導員と一緒に読書をするとか作業を行うなど、子どもが緊張しない個別対応を勧めます。

②他の子どもからの理解を促す

　発達障害のある子どもが安心して暮らす環境をつくるには、周囲の理解が必要不可欠です。学童保育で過ごす他の子どもが、発達障害のある子どもの言動を理解しなければ、友だち同士のトラブルは回避できません。または、「変な子」としていじめの対象にもなります。そのため、入所している子どもたちに、発達障害のある子どもの行動特徴を理解してもらうことが大切です。そのためにまず対象となる子どもの保護者から同意を得て、個性として伝え、他の子どもたちに受容される環境づくりを行います。そうすることで、他の子どもたちとのトラブルも改善され、学童保育が安心できる場になります。

③保護者とのコミュニケーションを密にする

　発達障害の子どもを持つ親は、「どうしてうちの子だけが」という思いもあって、だれにも相談できずに悩み、葛藤を抱えている人も珍しくありません。そうした悩みや心配、不安などの相談を受けやすくするために、連絡帳、電話、メール、懇談会など、いろいろな手段や機会をもって、保護者と話す時間を持ちましょう。中でも保護者とつながりやすい連絡帳を有効に活用し、普段から保護者と指導員とのコミュニケーションをとっておくと、子どもの環境をより整えやすくなります。また、子どもが暮らし、関わる、学校、地域、病院などといろんな形で普段からつながっておくと情報が得やすく、協力関係も築きやすいのではないかと思います。

V 児童虐待とは

●大橋一友 おおはし・かずとも

1 児童虐待の種類

　厚生労働省の児童虐待の定義は以下のとおりである。

（1）身体的虐待
　殴る、蹴る、投げ落とす、激しく揺さぶる、やけどを負わせる、溺れさせる、首を絞める、縄などにより一室に拘束する、など。

（2）性的虐待
　子どもへの性的行為、性的行為を見せる、性器を触るまたは触らせる、ポルノグラフィの被写体にする、など。

（3）ネグレクト
　家に閉じ込める、食事を与えない、ひどく不潔にする、自動車の中に放置する、重い病気になっても病院に連れて行かない、など。

（4）心理的虐待
　言葉による脅し、無視、きょうだい間での差別的扱い、子どもの目の前で家族に対して暴力をふるう（ドメスティック・バイオレンス：DV）、など。

(http://www.mhlw.go.jp/seisakunitsuite/bunya/kodomo/kodomo_kosodate/dv/about.html)

❷ 児童虐待のリスク要因

　養育者、子ども、養育環境から考える必要がある。

(1) 養育者のリスク要因
・望まない妊娠・出産：若年妊娠、など。
・産後の問題：育児ストレス、育児不安、産後うつ、など。
・器質的問題：養育者の精神障害、アルコール依存、薬物依存、など。
・過去の問題：養育者自身の被虐待体験、標準的でない育児に対する信念、など。

(2) 子どものリスク要因
　未熟児での出生、障がい児、発達・成長障害、特有の性格（育てにくい、社会になじまない）など。

(3) 養育環境のリスク要因
・家庭環境：単身家庭、同居者がいる家庭、子連れ再婚家庭、経済的に不安がある家庭、DVが存在する家庭、など。
・社会的環境：親族・地域社会から孤立している、転居が多い、など。

❸ 児童虐待の重症度

　児童虐待の重症度は、生命の危険や医療介入の必要性から、①生命の危険あり、②重度虐待、③中度虐待、④軽度虐待、に分類されることが多い。

(1) 生命の危険あり
　緊急に子どもを保護する。

原因は身体的虐待とネグレクトに大別される。身体的虐待では、頭部や腹部への外傷を起こす暴力（殴る、蹴る、投げ落とす、激しく揺さぶる、など）や窒息を起こす暴力（首を締める、水につける、布団蒸しにする、など）がある。一方ネグレクトでは、乳幼児に水分や栄養を与えないために重症の脱水症や栄養失調をきたす場合や、医療介入が必要な児（特に障がい児には注意を要する）であるにもかかわらず医療へのアクセスを行わない場合などがある。

（2）重度虐待

　子どもの健康、成長、発達に重大な影響を与える状態で、訪問指導、一時分離、入院などにより緊急に子どもを保護する必要がある。

・**身体的虐待症状**：医療を必要とする程度の火傷、骨折、裂傷、打撲傷が現在もしくは近い過去に存在する。また、家から出してもらえない、一室に閉じ込められているなどの拘束、監禁状態も認められる。

・**性的虐待**：明らかな場合は重度に該当する。

・**ネグレクトによる症状**：顕著な成長障害や発達障害があり、子どもの生存に必要な環境が与えられていない。

・**心理的虐待症状**：強度の言葉による脅しや DV のために、子どもにうつ状態、重度の無感動や無反応、拒食と過食、自殺企図などが生じる。

（3）中度虐待

　現時点では緊急の児の保護は必要としないが、長期的に見ると子どもの健康、成長、発達への悪影響が考えられる状態である。この状態は他者の援助がなければ改善が見込めない。

・**身体的虐待症状**：非偶発的な火傷（たばこ）、内出血、擦過傷、など。

・**ネグレクトによる症状**：著しい不潔状態や長時間の放置（特に乳幼

児を大人の監視がなく放置している場合は注意する）、など。
・**心理的虐待症状**：日常生活に支障をきたすような症状（急な発熱や嘔吐・下痢、徘徊など）、自閉傾向、強い攻撃性、など。

（4）軽度虐待

　虐待があるが、周囲の者が虐待と感じている状態である。しかし、一定の制御がかかっており、一時的なものと考えられる。親子関係には重篤な病理は存在しない。
・**身体的虐待症状**：カーッとなって自己制御なく叩く。
・**ネグレクトによる症状**：健康問題を起こすほどではないが不潔であり、時々ケアを受けていない。
・**心理的虐待症状**：精神的に不安定であり、虚言、不従順、集団に入れないなどが認められる。

　この重症度はあくまでもひとつの基準であり、養育者の状態、子どもの状態、地域社会などの養育環境要因を加味して、評価する必要がある。

（例）考慮すべき状態

・**養育者の状態**：夫の協力が得られない、育児知識が不足している、非常に神経質である、など。
・**子ども**：障がい児、未熟児で出生、きょうだいに障がいがある、など。
・**環境要因**：使用できる社会資源が乏しい、近隣に相談できる人がいない、など。

❹ 児童虐待の現状と今後の対策の方向性

　厚生労働省の報告によると児童虐待対応件数は毎年増加し、平成25年度の73,802件であり、この数字は平成11年度の6.3倍にあたる。一方で児童虐待によって子どもが死亡した件数は高い水準で推移し、平成24年度の心中以外の死亡事例は49例、死亡数は51人である。また、死亡した子どもの4割強は0歳児である。

　平成25年度の児童相談所における児童虐待相談対応件数の内訳は以下のとおりである。

● 種　類

身体的虐待	ネグレクト	性的虐待	心理的虐待	総数
24,245 (32.9%)	19,627 (26.6%)	1,582 (2.1%)	28,348 (38.4%)	73,802 (100%)

● 虐待者

実父	実父以外の父	実母	実母以外の母	その他	総数
23,558 (31.9%)	4,727 (6.4%)	40,095 (54.3%)	661 (0.9%)	4,761 (6.5%)	73,802 (100%)

● 被虐待児

0歳〜3歳未満	3歳〜学齢前児童	小学生	中学生	高校生等	総数
13,917 (18.9%)	17,476 (23.7%)	26,049 (35.3%)	10,649 (14.4%)	5,711 (7.7%)	73,802 (100%)

(http://www.mhlw.go.jp/seisakunitsuite/bunya/kodomo/kodomo_kosodate/dv/dl/about-01.pdf)

厚生労働省は児童虐待の現状を、①増加する児童虐待相談件数、②相次ぐ児童虐待による死亡事件、③児童相談所、市町村での相談体制の不足、④社会的養護体制の不足、と4点に総括している。これらの問題点を解決するために3つの課題を挙げ、必要な施策を下記のように提言している。

（1）発生予防

　虐待に至る前に、気になるレベルで適切な支援が必要（育児の孤立化、育児不安の防止）。

・子育て支援事業の普及・推進
・乳児家庭全戸訪問事業（こんにちは赤ちゃん事業）
・養育支援訪問事業
・集いの場（地域子育て支援拠点事業）
・虐待防止意識の啓発
・相談しやすい体制の整備

（2）早期発見・早期対応

　虐待が深刻化する前の早期発見・早期対応が必要。

・虐待に関する通告の徹底
・児童相談所全国共通ダイヤル189（いちはやく）の周知（平成27年7月1日より使用開始）
・児童相談所の体制強化（職員の質・量）
・市町村の体制強化（職員の質・量）
・研修やノウハウの共有による専門性の強化
・子どもを守る地域ネットワーク（要保護児童対策地域協議会）による連携の強化

(3) 子どもの保護・自立の支援、保護者支援

・一時保護所の拡充・混合処遇の改善

・社会的養護体制の質・量ともに拡充

・家庭的な養育環境、施設における小規模化の推進

・適切なケアを行うための人員配置基準の引き上げ等の見直し

・自立支援策の拡充

・親子再統合に向けた保護者への支援

・親権に係る制度の適切な運用

(http://www.mhlw.go.jp/seisakunitsuite/bunya/kodomo/kodomo_kosodate/dv/dl/about-01.pdf)

Ⅵ 学童保育と指導員の役割

●中山芳一 なかやま・よしかず

1 学童保育の概要

　学童保育とは、国が児童福祉法において「放課後児童健全育成事業」と位置づけている事業です（下枠参照）。

> 児童福祉法第6条の3第2項
> 　この法律で、放課後児童健全育成事業とは、小学校に就学している児童であって、その保護者が労働等により昼間家庭にいないものに、授業の終了後に児童厚生施設等の施設を利用して適切な遊び及び生活の場を与えて、その健全な育成を図る事業をいう。

　我が国において平成10年に初めて法制化された学童保育ですが、第二次世界大戦前にはすでに誕生していたという歴史があります。言うまでもなく、誕生の経緯には働く保護者の就労権保障と放課後の子どもの健全育成が目的となってきました。そして、昭和41年に文部省（当時）が「留守家庭児童会補助事業」として位置づけ、昭和51年には厚生省（当時）が「都市児童健全育成事業」、平成3年には同じく厚生省が「放課後児童対策事業」として位置づけた後に、上述の法制化へと進められてきたのです。

　この法律に示されているように、学童保育の目的は「適切な遊び及び生活の場を与えて、その健全な育成を図る」ことです。また、健全

1. 学童保育の概要

な育成を図る対象者は、小学校に就学している児童（平成27年度より全学年に拡張）で「保護者が労働等により昼間家庭にいないもの」とされています。

さらに、平成27年に厚生労働省から提示された「放課後児童健全育成事業の設備及び運営に関する基準」では、放課後児童健全育成事業の目的を以下のように明言しています。

> 「設備運営基準」第5条（放課後児童健全育成事業の一般原則）
> 　放課後児童健全育成事業における支援は、小学校に就学している児童であって、その保護者が労働等により昼間家庭にいないものにつき、家庭、地域等との連携の下、発達段階に応じた主体的な遊びや生活が可能となるよう、当該児童の自主性、社会性及び創造性の向上、基本的な生活習慣の確立等を図り、もって当該児童の健全な育成を図ることを目的として行われなければならない。

このように、「児童の健全な育成を図る」ためには、〈①家庭、地域等と連携し、②発達段階に応じた主体的な遊びや生活が可能となるように、③児童の自主性、社会性及び創造性の向上と、④基本的な生活習慣の確立等を図る〉ことが求められており、放課後児童健全育成事業者および職員（指導員）は、これを目指して事業に取り組まなければなりません。

ところで、上述の通り制度化されてきた学童保育ですが、現在の利用児童数や設置箇所数はどうなっているのでしょうか。周知のとおり、学童保育の社会的要請は、法制化以降も高まり続けており、平成27

年5月1日現在では、登録児童数が100万人を超え、設置箇所数も2万2千か所を超えるほどになっています（図1）。

図1 ● クラブ数、登録児童数および利用できなかった児童数の推移
（厚生労働省育成環境課）

このように利用児童数と設置箇所数が正比例的に増加するものの、潜在的な待機児童は30万人以上いるともいわれています。そのため、文部科学省による放課後子ども教室と連携した「放課後子ども総合プラン」や民間学童保育の参入なども積極的に進められており、学童保育の変化はいまだめまぐるしい状況にあります。

❷ 学童保育指導員の位置づけ

　学童保育が変化し続ける中で、学童保育指導員の位置づけも大きく変わり始めてきています。これまでは、「子どもの安全だけを見ていてくれれば…」と誘われて指導員を始めた方も少なくはありませんでした。指導員固有の公的資格も存在しないために、養成課程等で専門的な知識や技能を獲得してきた指導員は皆無で、言ってしまえば指導員のだれもが「素人」からスタートせざるを得なかったのです。ちなみに、平成25年に厚生労働省が調査した我が国の指導員の資格取得状況は図2の通りとなっており、約25％がまったくの無資格者であることも明らかになっています。

　しかしながら、学童保育の社会的認知と要請が高まり続ける中で、指導員の役割や位置づけも明確になり始めてきました。何よりも前節の「放課後児童クラブ運営指針」における放課後児童健全育成事業の目的を遂行する一番の担い手は指導員です。したがって、指導員には学童保育に必要な知識・技能・経験が求められ、これらは保育士や幼稚園教諭、小学校教諭等の近接領域とも異なった固有性があるのです。そのため、平成27年4月より「放課後児童支援員」という資格が新たに創設され、「放課後児童健全育成事業者は、放課後児童健全育成事業所ごとに、放課後児童支援員を置かなければならない」と規定されました。この放課後児童支援員とは、以下に該当する者であって、都道府県知事が行う研修を修了した者でなければなりません。

図2 ● 放課後児童指導員の資格の状況（厚生労働省育成環境課）

放課後児童支援員の有する資格

一　保育士の資格を有する者

二　社会福祉士の資格を有する者

三　高等学校若しくは中等教育学校を卒業した者等であって、二年以上児童福祉事業に従事したもの

四　幼稚園、小学校、中学校、高等学校又は中等教育学校の教諭となる資格を有する者

五　大学において、社会福祉学、心理学、教育学、社会学、芸術学若しくは体育学を専修する学科又はこれらに相当する課程を修めて卒業した者

> 六　大学において、社会福祉学、心理学、教育学、社会学、芸術学若しくは体育学を専修する学科又はこれらに相当する課程において優秀な成績で単位を修得したことにより、同法第102条第2項の規定により大学院への入学が認められた者
> 七　大学院において、社会福祉学、心理学、教育学、社会学、芸術学若しくは体育学を専攻する研究科又はこれらに相当する課程を修めて卒業した者
> 八　外国の大学において、社会福祉学、心理学、教育学、社会学、芸術学若しくは体育学を専修する学科又はこれらに相当する課程を修めて卒業した者
> 九　高等学校卒業者等であり、かつ、二年以上放課後児童健全育成事業に類似する事業に従事した者であって、市町村長が適当と認めたもの

❸ 育成支援の内容

　前節までの通り学童保育の制度化が進む中で、指導員の子どもや保護者に対する関わりのことを「育成支援」と位置づけられました。この育成支援の基本については、平成27年に公布された「放課後児童クラブ運営指針」において明言されています。

（1）放課後児童クラブにおける育成支援
　放課後児童クラブにおける育成支援は、子どもが安心して過ごせる生活の場としてふさわしい環境を整え、安全面に配慮しながら子どもが自

> ら危険を回避できるようにしていくとともに、子どもの発達段階に応じた主体的な遊びや生活が可能となるように、自主性、社会性及び創造性の向上、基本的な生活習慣の確立等により、子どもの健全な育成を図ることを目的とする。

　このように、育成支援では子どもが安心して生活を過ごせることが重要であり、そのための環境整備が求められます。したがって、子どもが心も体も落ち着かせられるような静養スペースなどを整備したり、危険と思われる場所を修繕したりする必要があるのです。また、指導員自身も人的環境の一部として、子どもに安心感を提供できるような関わりが求められており、これは子どもの思いや感情を共に分かち合うケア的な関わりといえるでしょう。

　さらに、安全面については支援員自身が安全に配慮するだけでなく、子ども自身が危険を回避できるようにすることも育成支援です。いつも危険な場面で注意するばかりでなく、なぜ危険なのか、どうすれば危険を回避できるのか、またお互いに関心を向け合い注意や呼びかけを子ども同士で行えるように働きかけていく必要があります。これは、子どもの安全を守るための養護的な関わりといえるでしょう。

　そして、子どもの発達段階に応じた主体的な遊びや生活が可能となるように、子どもの自主性、社会性および創造性の向上と基本的な生活習慣の確立等を支援することも育成支援です。児童期の発達段階の特性を踏まえて、一人ひとりの子どもの発達段階をとらえながら、無理をさせてはなりません。さらに、自由な放課後の時間における遊びや生活を主体的に過ごせることを目的として、子どもの育ちを引き出

3. 育成支援の内容

していく教育的な関わりが必要なのです。

　以上のように、ケアと養護と教育の関わりを総合的に機能させていくことが子どもの健全な育成になります。ちょうど下図のように、これら3つがそれぞれ個別に機能する場合もあれば、相互に重なり合いながら作用する場合もあるのが育成支援です。

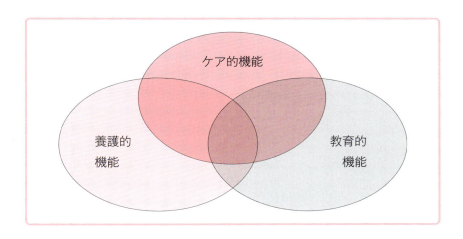

　前述のような育成支援の基本原則を理解した上で、育成支援の内容について具体的に説明しておきます。

①学童保育所（放課後児童クラブ）に通う子どもは、保護者が労働あるいは疾病や介護等により授業の終了後の時間帯（放課後、学校休業日）に子どもの養育ができない状況によって、学童保育所に通うことが必要となっているため、その期間を子どもが自ら進んで通い続けるためには、指導員が保護者と連携して育成支援を行う必要が

あります。

②学童保育所は、年齢や発達の状況が異なる多様な子どもたちが一緒に過ごす場です。指導員には、それぞれの子どもの発達の特徴や子ども同士の関係を捉えながら適切に関わることで、子どもが安心して過ごせるようにし、一人ひとりの生活から集団全体の生活まで豊かにすることが求められます。

③子どもの発達や養育環境の状況等を把握し、子どもが発達面や養育環境等で固有の援助を必要としている場合には、その援助を適切に行う必要があります。

④子どもにとって学童保育所（放課後児童クラブ）が安心して過ごせる生活の場であり、指導員が信頼できる存在であることを前提として、放課後児童クラブにおける育成支援には、主に次のような内容が求められます。
- ⅰ）子どもが自ら進んで学童保育所に通い続けられるように援助する。
- ⅱ）子どもの出欠席と心身の状態を把握して、適切に援助する。
- ⅲ）子ども自身が見通しを持って主体的に過ごせるようにする。
- ⅳ）学童保育所での生活を通して、日常生活に必要となる基本的な生活習慣を習得できるようにする。
- ⅴ）子どもが発達段階に応じた主体的な遊びや生活ができるようにする。

3. 育成支援の内容

vi）子どもが自分の気持ちや意見を表現することができるように援助し、学童保育所の生活に主体的に関わることができるようにする。
vii）子どもにとって放課後の時間帯に栄養面や活力面から必要とされるおやつを適切に提供する。
viii）子どもが安全に安心して過ごすことができるように環境を整備するとともに、緊急時に適切な対応ができるようにする。
ix）学童保育所での子どもの様子を日常的に保護者に伝え、家庭と連携して育成支援を行う。

以上が育成支援の具体的な内容となります。また一般的に指導員は、同じ空間の中で同じ対象者に対して、複数の指導員たちがチームで育成支援を行っています。そのため、複数の指導員たちの持っている情報や意図を交換・共有し合うことが必要とされますし、事例検討などを通じてお互いに研鑽し合うことも大切です。職場内の同僚性を築くことが、充実した育成支援につながり、豊かな子どもの育ちにつながります。ぜひ、この点についても意識しておいてください。

Ⅵ 学童保育と指導員の役割

参考資料 [1,2]

表1 ● 入所時にみられる被害児童の行動の特徴

Ⅰ 被害児童の行動の特徴	1) 心身の行動特徴	（1）内的行動	①不安・緊張	笑わない
				目を合わさない
				おどおどしている
				不安な表情
				怒るとすごくおびえる
				気分にむらがある・情緒不安定
				常に緊張している
				いつもびくびくしている
				奇声を発する
				落ち着きがない
			②自発性の欠如・不活発・抑うつ	じっとしている
				自ら遊ぼうとしない
				感情表現が乏しい
				物忘れが多い
				自傷行為
		（2）外的行動	①衝動性	すぐにカッとなる
				怒りっぽい
			②攻撃性	些細なことですぐにけんかをする
				他の子どもの首を絞める
				容赦なく殴る・加減がない
				つねる・咬む・足で思いっきり蹴る
				「死ね」「消えろ」の暴言を吐く
			③性的行動	年齢不相応な姿態
				性器・自慰行為を見せる
		（3）愛着障害	①他の児童に対する過度な介入	友だちが求めていないことをする
				自己主張ばかりする
			②指導員に対する執着と否定	指導員の手や服を持って離さない
				怒られるとすごくシュンとする
				急に抱きついたり、避けたりする
				極端な行動をとる
				褒められるのが苦手
				甘えるのが下手

3. 育成支援の内容

表2 ● 入所時にみられる被害児童のその他の特徴

Ⅱ 被害児童のその他の特徴	2）身体の清潔	不衛生	洗顔ができていない
			洗髪ができていない
			散髪していない
			爪が伸び放題
			爪の中が真っ黒
			垢（あか）で汚れている
			においがする
	3）身体の状態	外　傷	傷や殴られた跡がある
			アザがある
			理由と合わない骨折がある
	4）食事の取り方	食行動異常	おやつのとり方が必死
			食べ方が卑しい
			いつも空腹を訴える
	5）衣類（上着、下着、上靴、体操服、タオルなど）の状態	不適切な衣類	衣類が洗濯できていない
			しわだらけになっている
			服や靴に穴が開いている
			サイズの合わないものを着ている

表3 ● 加害者である保護者の行動特徴

Ⅲ 保護者の行動特徴	送迎時の保護者の言動	不適切な養育態度	①暴力	すぐに子どもを殴る
				拳で容赦なく頭部を強打する
				子どもを殴る回数が多い
			②暴言・恫喝（どうかつ）	大声で子どもを怒鳴る
				子どもをいつもばかにする
				「殺す」「捨てる」と子どもを脅す
				罵詈雑言（ばりぞうごん）が多い
			③未熟な親性	些細（ささい）なことで怒る
				暴力に対して抵抗がない
				すぐに感情的になる
				子どもに対して威圧的

● 参考文献
1) 鈴井江三子，齋藤雅子，飯尾祐加，中山芳一，大橋一友．学童保育指導員が認識した入所時の児童虐待被害児童と親の行動の特徴．小児保健研究．74(2), 2015, 254-260.
2) 中山芳一．学童保育実践入門：かかわりと振り返りを深める．京都，かもがわ出版，2012, 141p.

Ⅵ 学童保育と指導員の役割

おわりに

　核家族が暮らす地域社会は住民の移動が多く、生活者が流動的なために人のつながりが希薄になっています。その地域で子育てをする親は、顔見知りが少なく、気軽に相談できる人もなかなかいません。また、大人中心の社会志向が強いために、子どもを愛でて慈しむという社会の土壌も痩せてきたように思います。そんな中で子育てをする親は、子どもを守る以外に、仕事や生活上のストレスを抱えて、親自身が生活に疲れている場合も多くあります。でも、子どもは、子どもであるがゆえに、そうした親の気持ちを理解できません。

　密室化された住居環境で子育てをすることが、親のストレスを募らせ、児童虐待を誘引しやすいとも言われていますが、地域社会の子育てをする親子への関心の低さも、児童虐待を引き起こす要因ではないかと考えられます。

　こうした社会環境の中で、親子と接する機会のある学童保育の役割はとても重要であり、単に保護者が不在時の保育機能を提供するだけでなく、「親子を見守り支援する」という社会的需要があると考えます。つまり、コミュニティのつながりが希薄な現在において、学童保育は児童虐待の早期発見と見守りの役割を果たすセーフティネットであり、地域の親子支援施設なのです。

　そして、もし、児童虐待を受けている被害児童に出会うことがあったら、子どもの救いを求める声をしっかりと受けとめて、困ったことがあったらいつでもおいでというメッセージを送って頂けたらと思います。たった一人であっても、子どもにとって信頼できる大人の存在は、子どもが自分の命を大切にしたいと思う、大事な心の支えになるからです。

執筆者一覧

●監修・編集・執筆
鈴井 江三子
兵庫医療大学看護学部看護学科・兵庫医療大学大学院看護学研究科看護学専攻 教授

●執筆者
大橋 一友
大阪大学大学院医学系研究科保健学専攻 教授

中山 芳一
岡山大学全学教育・学生支援機構 助教
特定非営利活動法人 日本放課後児童指導員協会 副理事長
日本学童保育学会 事務局長、岡山県子ども・子育て会議 委員
一般社団法人 子ども學びデザイン研究所 所長

●共同研究者
飯尾 祐加　兵庫医療大学
齋藤 雅子　関西国際大学

●研究協力者
青野　雅世　特定非営利活動法人 オレンジハート
糸山　智栄　岡山県学童保育連絡協議会
臼井　純子　特定非営利活動法人 日本放課後児童指導員協会
葉杖健太郎　兵庫県学童保育連絡協議会
谷野　浩美　元 新見公立大学

助　成
独立行政法人 日本学術振興会
平成 25 ～平成 27 年度科学研究費助成事業（基盤研究（C））（課題番号：25463534）
平成 28 年度科学研究費助成事業（科学研究費補助金）（研究成果公開促進費）
＜学術図書＞（課題番号：16HP5269）

本刊行物は、JSPS科研費　JP16HP5269の助成を受けたものです。

学童保育版
(がくどうほいくばん)
児童虐待対応マニュアル
(じどうぎゃくたいたいおう)

2016年10月5日発行　第1版第1刷

編　著　　鈴井 江三子
　　　　　(すずい　えみこ)

発行者　　長谷川 素美

発行所　　株式会社保育社
　　　　　〒532-0003
　　　　　大阪市淀川区宮原3-4-30
　　　　　ニッセイ新大阪ビル16F
　　　　　TEL 06-6398-5151
　　　　　FAX 06-6398-5157
　　　　　http://www.hoikusha.co.jp/

編集担当　里山圭子
装　　幀　藤田修三
本文イラスト　加藤陽子
印刷・製本　株式会社廣済堂

© Emiko SUZUI, 2016

本書の内容を無断で複製・複写・放送・データ配信などをすることは、著作権法上の例外をのぞき、著作権侵害になります。

ISBN978-4-586-08564-4　　Printed and bound in Japan